Buchulu und ihre Freunde

Die deutsche Nationalbibliothek verzeichnet diese Publikation der deutschen Nationalbibliografie, detaillierte Daten sind im Internet über http://dnb.d-nb.de abrufbar

Christa Rieck 1. Auflage
Copyright 2014 Text und Layout: Christa Rieck
Fotos: Christa Rieck

Herausgeber:
Christa Rieck,
Mail: rieck.chr@web.de

Herstellung und Verlag:
BoD – Books on Demand, Norderstedt.

Auslieferung: www. bod.de, buchhandel@bod.de

ISBN 9783735792853

*Ich habe es mir zur Aufgabe gemacht,
in kleinen und großen Erdenbewohnern
wieder Bewusstsein und Neugierde zu wecken,
für die Natur und die natürlichen Dinge im Leben.*

*Ich möchte gerade den Kindern Mut machen,
ihrer Wahrnehmung zu vertrauen!*

*Der natürliche Zugang der Kleinen zu diesen Dingen
ist wert, gepflegt und erhalten zu bleiben.*

Anmerkung:

Elementarwesen sind feinstoffliche Wesen. Sie tragen die geistige Kraft in die physische Welt und verweben sie, so dass sie sichtbar wird. Es gibt über- und untergeordnete Wesen.

Bei aller Achtung und Wertschätzung den Elementarwesen gegenüber und ihren unersetzlichen, lebenserhaltenden Diensten in der Natur und bei allen natürlichen Prozessen, sollte nicht vergessen werden, dass es sich um Wesen handelt, die keinen eigenen Willen besitzen.

Somit sind sie an den Ort und die dort stattfindenden Prozesse gebunden.

Auch wenn manche Wesen als „Göttinnen" bezeichnet werden (in ihrem Ordnungssystem), so bleibt stets anzuerkennen, dass der Mensch mit seinem freien Willen, die Krone der Schöpfung ist.

Dies alles ist von
- einer allwissenden Intelligenz - einem höherem Bewusstsein…
ich nenne es GOTT,
ersonnen und geschaffen,
einzig aus Liebe.

* * * * *

Die Fotos

…wurden ausgeschnitten und in der äußeren Form gestaltet, nicht aber im Inhalt manipuliert, retuschiert oder verändert. Lediglich wurde zur Verdeutlichung eine Kennzeichnung in einem doppelt angezeigten Bild angebracht.

Baumwissen und Naturgeister

*A*uf der kleinen Landzunge,

die jedes Frühjahr mehrmals von dem großen Fluss überspült wird,

steht eine kleine Buche.

Ihr bester Freund ist die dicke alte Eiche,

die schon seit mehreren hundert Jahren
an diesem Platz steht.

Jeden Morgen,
wenn die Sonne mit ihren goldenen Strahlen
die kleine Buche aus dem Schlaf weckt
und diese vorsichtig durch ihre zarten Äste
mit den noch hellgrünen Blättern blinzelt,

fällt ihr Blick auf eine mächtige Eiche,
die sie mit einem freundlichen:

„Hallo *Buchulu*,  gut geschlafen?", begrüßt.

Direkt zwischen den beiden stehen
fünf Bänke, auf denen sich

die Spaziergänger ausruhen
und die wundervolle Landschaft
mit Blick auf den Fluss genießen können.

„Du weißt",

sagt die kleine Buche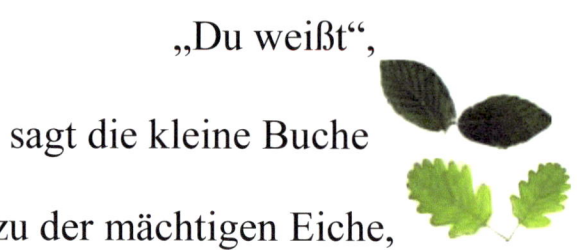

zu der mächtigen Eiche,

„in deinem Schutz kann ich wunderbar schlafen.
Du bist wie eine Mutter für mich.

Und deshalb habe ich dir auch den Namen

Meiche

gegeben, was für mich nichts anderes bedeutet als

meine liebe Eiche.

Das würde ich längst nicht zu jeder Eiche sagen,
auch wenn sie noch so alt und mächtig wäre."

„Oh, das ehrt mich nun wirklich, *Buchulu*",

raunt die alte Eiche und schüttelt verlegen
ihre jungen, frischen Frühlingsblätter,
während sie weiterspricht:

„Ich stehe hier, um den Menschen zu zeigen,
dass sie sich wieder auf sich selbst,
also auf ihre eigene Kraft und Stärke besinnen sollen
- aber wer weiß das heute noch?

Es wundert mich also nicht,
dass du so gut in meinem Schatten schlafen kannst."

 Eichen sollst du weichen,

 Buchen sollst du suchen!

*So heißt es in einem Spruch,
der bei Gewitter immer beachtet werden soll.*

Warum?

*Die Eichen haben oft so tiefe Wurzeln,
dass sie bis hinunter zum Grundwasser wachsen -
und Wasser zieht nun mal den Blitz an.*

*Deshalb darfst du auch bei Gewitter
nicht im Wasser schwimmen.
Jeder Bademeister pfeift dich dann ganz schnell da raus.*

*Die Eichen wachsen liebend gerne
auf Wasseradern.*

*Dort sind besondere Energiefelder (Strahlenfelder),
die natürlich auch den Blitz anziehen.*

*Eine Eiche überlebt oft mehrere Blitzeinschläge,
während die Buche nach einem Blitzeinschlag
meist abstirbt.*

*Buchen sind, wie wir Menschen und auch die
Hunde und Schafe, so genannte Strahlenflüchter.*

*Die Eichen sind Strahlensucher,
genau wie Ameisen und Katzen.*

*Die Rinde der Buche ist silbergrau und glatt.
Sie erinnert an die Haut der Elefanten.*

*Wenn sie älter wird, bekommt sie einzelne,
nach unten verlaufende Furchen,
die dazu dienen,
das Regenwasser, welches von den Blättern tropft,
nach unten zu den Wurzeln zu leiten.*

Es sind also kleine Wasserkanäle.

*Die Eiche hat eine
eher braune, grobe, raue Rinde.*

*Die Rinde wird auch
zum Gerben von Leder benutzt.*

*Die Inhaltsstoffe der Rinde, wie auch der Blätter,
sind hilfreich bei vielen Krankheiten.*

„ Oh ja,
wenn die Menschen sich doch nur erinnern würden"

seufzt **Buchulu** und sieht dabei aus,
als würde sie sich am Kopf kratzen.

„Jeder,
der sich an meinem Stamm ausruht und einschläft,
dessen Traum geht in Erfüllung:

Ruh dich aus an meinem Stamm,

lehn' dich dann zum Schlafen an.

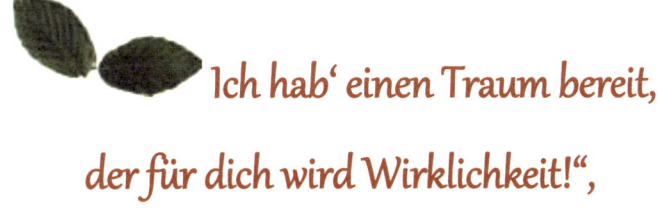

Ich hab' einen Traum bereit,

der für dich wird Wirklichkeit!",

lässt **Buchulu** jetzt ihr uraltes Lied erklingen.

„Wie wahr, wie wahr",

erinnert sich *Meiche:*

Die Menschen haben soviel vergessen,
sie könnten so viele Antworten
auf ihre Fragen finden
und soviel Hilfe von uns erfahren."

Buchulu, die Buche,
steht noch nicht so lange an dem Ort wie die Eiche.

Der Wind, der schon eher ein heftiger Sturm war,
hatte vor etwa 25 Jahren
eine Buchecker hierher getragen.

Sie konnte in der Erde bei der Eiche
keimen und wachsen.

Lieber wäre es *Buchulu* gewesen,
ihr Same, also die Buchecker,
wäre ein paar Zentimeter weiter
auf den Boden gefallen.

Sie fiel aber fast genau auf eine Wasserader.

Wie du auf dem Bild siehst,
ist der Stamm von Buchulu
unten ganz krumm
gewachsen,
so als wollte sie sich
von dem Platz,
an dem sie steht,
ein Stück wegbewegen.

Das ist immer ein Zeichen dafür,
dass der Baum auf einem Energiefeld,
wie zum Beispiel einer Wasserader, steht.

*Du siehst es den Bäumen an,
die auf solch einem Strahlenfeld wachsen,
- aber kaum einer weiß das heute noch.*

*Wenn der Stamm
sich verdreht*

*...oder mehrere Stämme
sich umeinander drehen,
kannst du an der Richtung
erkennen, ob es sich um
eine rechts-drehende oder
links-drehende
Wasserader handelt.*

*Wenn der Stamm
sich unten
gleich in mehrere
Stämme teilt,
wie hier bei der Birke,
so ist das auch
immer ein Zeichen
für solche Strahlen-
oder Energiefelder.*

*Zwieselwuchs
nennt man das.*

*Die Menschen wussten früher noch ganz viel über
diese Energiefelder und welche Auswirkungen sie
auf Pflanzen und Lebewesen haben.
Sie wandten dieses Wissen an und nutzten es.*

*So wussten sie zum Beispiel, dass ein Baum
Feuchtigkeit von einem Gebäude fernhalten kann.*

*Nicht zufällig wurden ringsum Kirchen und Schlösser
Bäume gepflanzt.*

Sie zogen die Feuchtigkeit vom Mauerwerk weg.

*Du kannst ja mal fragen,
wer das heute noch weiß.*

*Vor langer Zeit lernte man das in der Schule
oder von den Eltern und Großeltern.*

*Es war Wissen,
was „**natürlich**" zum Leben gehörte.*

*Ich glaube,
heute ist deshalb so vieles aus dem Gleichgewicht,
weil wir das,*

*was **„NATÜRLICH"** ist,*

nicht mehr lernen und wissen…

„Was sind schon fünfundzwanzig Jahre",

sagt **Meiche**,  die sich selbst als

„gerade erst in den besten Jahren"

bezeichnet, obwohl sie schon über 650 Jahre alt ist.

*Genau genommen ist das auch kein Alter für eine Eiche,
wenn du bedenkst,
dass sie über tausend Jahre alt werden kann.*

Man sagt eine Eiche braucht

*- 500 Jahre zum wachsen
- 500 Jahre zum leben und weitere
- 500 Jahre, um zu sterben.*

„Hallo, ihr zwei",

unterbricht **Kreuzundquer**,
der Langohrhase, das Gespräch der beiden.

„Was ist denn mit **Eschela** los?
Sie scheint noch zu schlafen,
sie rührt sich noch gar nicht.
Geht es ihr heute nicht gut?

Sie winkt mir doch sonst mit ihren Zweigen
schon von weitem zu,
wenn sie mich zu ihr hoppeln sieht."

„Nein, nein",

erwidert **Buchulu**
mit einem Blick nach rechts,

wo die Esche ihren Platz hat.

„Gestern haben die Fledermäuse ihr Sommerfest gefeiert,
und da wollte sie sich den Mitternachtstanz
nicht entgehen lassen.
Wir lassen sie einfach noch ein wenig ausschlafen."

Die kleine helle Licht-Elfe, die ihr freundlich guten Morgen sagen will,
ist auch lieber still dort oben, zwischen ihren Blättern.

„Sieh doch, der Marienkäfer,

der sich auf Ihrem Blatt verpuppt hat, schläft auch noch",

brummt die Eiche  in ihren dichten Blätterbart.

Aus dem Ausschlafen wird jedoch nichts,
denn mit lautem Fiepen und Pfeifen

kommt *Hüfpgeschwind*,
das Eichhörnchen, daher geflitzt

und klettert am Stamm von *Buchulu*  hinauf,
immer rundherum.

Jetzt erwacht *Eschela*
und blickt verschlafen in die,
schon vor einer Stunde aufgegangene, Sonne.

„Ach, wäre ich doch gestern
früher schlafen gegangen",

säuselt sie dabei in ihre Zweige.

„War es denn nicht schön?", fragt *Buchulu.*

Und *Meiche*  fährt fort:

„hat sich denn das Aufbleiben nicht gelohnt?"

„Doch, doch - es war wunderbar,
auch die Elfen haben mitgetanzt,
und ich habe diese Nacht
noch wunderschön davon geträumt.

Aber wenn man abends nicht bei Zeiten schlafen geht,
ist man eben morgens auch nicht ausgeschlafen."

Hüpfgeschwind springt, wie er es immer macht,
mit Leichtigkeit durch die Luft,

auf einen Ast von *Eschela*,

genau auf den,

an dem ganz viele Samenschoten hängen.

*Die Kinder setzen diese „Propeller"
gerne auf ihre Nase oder auf die Ohren,
und dann sehen sie wie kleine Naturgeister aus.*

Treibt die Esche vor der Eiche,

gibt es eine große Bleiche!

*Dies besagt eine alte Bauernregel,
was nichts anderes bedeutet,
als dass es einen heißen Sommer gibt,
und in diesem Jahr war das so.*

*Wenn Blüten
oder Samen an
der Esche sind,
ist diese
mindestens
dreißig Jahre alt,
denn so alt
muss sie werden,
um blühen zu können.*

Die Esche gehört zu den Ölbaumgewächsen,

*wie auch der Liguster
mit seinem starken Duft,
der gerne von den
Schmetterlingen besucht wird*

*und die Forsythie,
die im Frühjahr
so wunderschön gelb-golden blüht.*

*Weißt du, dass man Eschen
gerne an Ritterburgen findet?*

Schau dich mal um, wenn du eine besuchst.

„Schade, dass *Birkiki* unsere schlanke Birke,
nicht mehr bei uns ist",

ruft jetzt *Kreuzundquer* dazwischen.

„Sie hat mir immer so schöne Liebesgeschichten erzählt,
von all den jungen Leuten,
die Feuer und Flamme füreinander sind.

Wo ist sie eigentlich hin?"

„Ihr Traum hat sich erfüllt",

räuspert sich *Buchulu.*

„Sie wollte auch einmal
vor der Haustüre eines
eines süßen Mädchens stehen,
von dem Menschen
dorthin getragen,
der sie so sehr begehrt.

Dazu mit ganz vielen
bunten Bänder geschmückt
und einem Herz,
auf dem der Name der Auserwählten
geschrieben steht."

Und aufgeregt fügt *Eschela*  hinzu:

„In der Nacht vom 30. April zum 1. Mai
kam ein junger Mann mit seinen Freunden
und hat sie geholt,

unsere liebe *Birkiki,*
um sie seiner Liebsten vors Fenster zu stellen.

Ihren Namen, „Ramona", hatte er in schönster Schrift
auf das Herz geschrieben."

„Oh, wie romantisch",

bringt *Hüpfgeschwind* glucksend hervor
und seine Augen strahlen dabei, wie kleine Edelsteine.

Kreuzundquer runzelt seine Stirn und fragt:

„Sag mal, *Hüpfgeschwind,*
hattest du die Nüsse in die Rinde
von *Birkiki* gesteckt?

Die Burschen wunderten sich darüber sehr,
denn die Nussschalen hatten alle ganz kleine Löcher."

„Nein, nein, mein lieber **Kreuzundquer,**
das machen meine Freunde, die Kleiber,
die in den leeren Spechthöhlen leben.

Weißt du woher diese Vögel ihren Namen haben?

Wenn sie in die Spechtwohnungen einziehen,
kleben sie die Öffnung, das Eingangsloch,
mit Lehm zu, um es etwas kleiner zu machen.

Der Name „Kleiber" kommt also von „kleben".

Die Nüsse und Samen, von denen sie leben,
stecken sie in die Kerben der Birken.
Dann können sie diese mit ihrem Schnabel öffnen.

Natürlich bleiben die leeren Nussschalen
da stecken und das sieht dann wahrhaft komisch aus,
denn Nüsse wachsen ja nicht an Birken.

Du weißt ja,
ich vergrabe die Nüsse für meinen Wintervorrat.
Wenn es dann kalt wird
und kein Futter mehr zu finden ist,
buddele ich sie wieder aus.

Aber zugegeben,
alle finde ich nicht wieder,

da wachsen dann Nussbäume draus."

*Foto: Nussbaum mit Elfenregen

*Die Birke hat fast dreieckige Blätter
und der Rand sieht aus wie das Blatt einer Säge.*

*Ihre Blätter und Zweige hängen nach unten,
und daran bilden sich die so genannten „Kätzchen",
die erst die Blüten
und etwa ab Juli/August die Samen enthalten.*

Die Birke ist ein Symbol des Frühlings und der Jugend.

Sie hat kräftigende Eigenschaften.

*Aus dem Reisig, also den Ästen,
kannst du gute Besen binden.*

*Die Blätter werden als Tee verwendet -
bei Blasen- und Nierenbeschwerden.*

*Der Stamm der Birke ist weiß,
und wenn er älter wird, hat er viele schwarze Kerben,
„Muster", darauf.*

Du kannst darin so manches Symbol erkennen.

*Aus der Rinde wurden schon vor langer Zeit
Kistchen und Trinkbecher hergestellt,
denn sie ist wasserdicht.*

Heute gibt es solche Birkenkästchen wieder zu kaufen.

*Sie sind als Körbchen beliebt,
um Blumen darin zu pflanzen,
auch als Blumenübertöpfe werden sie angeboten.*

Nun ist plötzlich das kräftige Rauschen zu hören,
mit dem der Baumgeist,

der in der dicken, alten Eiche  lebt,

seine gewaltige Stimme erhebt.

Sofort verstummen alle und lauschen,
was er wohl Wichtiges zu verkünden hat.

Bäume nehmen oft die Gestalt oder das Gesicht des Naturwesens an, das bei ihnen seinen Dienst verrichtet.

Achte mal darauf, welche Augen dich anschauen, wenn du in der Natur spazieren gehst.

Sicher wirst du bei vielen Bäumen

Tiere,

Wesen

und andere Gestalten erkennen.

„Es ist eine Schande",
poltert die mächtige Stimme des Baumgeistes,

„denn es ist uns kaum noch möglich, bei so viel Unrat,
den die Menschen in der Natur entsorgen
oder einfach liegen lassen,
die Natur im Gleichgewicht zu halten.

Wir werden heute Abend eine Konferenz abhalten,
um mit allen Naturgeistern und Wesen
gemeinsam zu überlegen, was wir tun können.

Sagt es auch allen Tieren weiter.

Der schlaue Fuchs hat bestimmt eine gute Idee.

Buchulu  und *Eschela*,

aber auch du, meine liebe *Meiche*,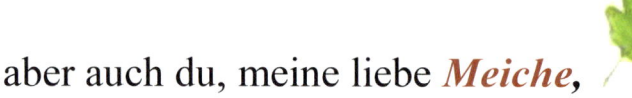

bitte verkündet diese Einladung
allen Tieren und Naturwesen.

Heute Abend um zwanzig Uhr
hier an der dicken Eiche."

„Ohhhh, da fühle ich mich aber geehrt,
dass die Veranstaltung bei mir stattfindet",

antwortet *Meiche*,

„vielen Dank",

und sie klimpert verlegen mit den Wimpern,

- nein,
mit den Blättern ihrer Augenlider.

Da melden sich die beiden **Gnome** zu Wort,

die neben *Buchulu* ihr Quartier haben.

„Wir nehmen immer öfter Gestalt an,

wenn die Menschen Fotos in der Natur machen.
Darauf sind wir dann für sie zu erkennen.

So wollen wir auf uns aufmerksam machen,
damit sie uns wieder zuhören und sich auf
den Ursprung und das Wesentliche besinnen.

Wir brauchen die Hilfe der Menschen,
alleine schaffen wir es nicht mehr.
Dann besteht die Möglichkeit,
dass die Natur wieder ins Gleichgewicht kommt."

Gnome *sind die älteste Art im Zwergenvolk.*

*Ihr kennt sie alle auch
als Wichtel- oder Heinzelmännchen.*

Es gibt auch Gnom-Kinder.

*Diese wachsen nicht.
Sie bleiben so, wie sie entstanden sind,
solange sie existieren,
und das mag gerne vierhundert Jahre und mehr sein.*

Die Naturwesen oder Naturgeister sind überall:

*Im Wasser, in der Luft, in der Erde und auch
im Feuer und in Vulkanen anzutreffen.*

Sie wirken überall in der Natur, zum Beispiel helfen sie:

- *Beim Wachsen und Reifen der Blätter, Blüten und Früchte*

- *bei der Zusammensetzung der Mineralien und Steine und auch*

- *bei der Luftbewegung, bei Wolken, Wind und Regen.*

An der gesamten Schöpfung und an allen natürlichen Prozessen sind sie beteiligt.

Auch Paracelsus, der uns soviel Wichtiges für die Medizin und Gesundheit mitgeteilt hat, wusste von der Existenz der Naturgeister/Naturwesen.

In Island gibt es sogar eine

„Elfenbeauftragte"

in der Regierung.

Unsere Elfe,
die sich eben noch
die schlafende
Marienkäferpuppe
angeschaut hat

und jetzt ausgelassen um den Löwenzahn tanzt,
auf dem sich gerade eine dicke Hummel
genüsslich niedergelassen hat,

um den Nektar zu saugen, bemerkt ganz traurig:

„Die Menschen haben den Blick verloren,
uns zu erkennen.

Ich bin auf so vielen Bildern sichtbar,
die sie in der Natur fotografieren.

Sie werfen aber viele der Bilder weg,
weil sie glauben,
dort wären Lichtreflexe oder unscharfe Stellen drauf.

Dabei müssten sie die nur mal
genau anschauen, um uns zu bemerken."

„Das ist wahrhaft lobenswert,
was ihr da macht",

donnert nun wieder die mächtige
Stimme des Baumgeistes.
Und während er weiterspricht,
klingt sie ruhig, warm und
anerkennend:

„Nicht alle Menschen haben den Blick
für euch verloren,
und besonders die Kinder sehen euch noch."

Jetzt wird *Eschela*  ganz aufgeregt.

„Hier auf der Bank saßen gestern noch zwei Frauen,
die sich ganz ernsthaft über euch unterhalten haben.
Sie sprachen von Naturgeistern, Elfen, Feen,
Gnomen, Zwergen und anderen Wesen.

Einige von diesen Wesen der „Anderwelt"
haben sie sogar auf ihren Fotos entdeckt.

Die wollten sie ihren Freundinnen und Enkeln zeigen
und vielleicht sogar mal einer Kindergartengruppe.

Unter: **elfenfotos. de**",

so sagten sie zueinander,

„ gibt es noch ganz viele Bilder von Naturgeistern,
und wenn Kinder und Erwachsene
sich diese einmal anschauen,
bekommen sie einen Blick dafür.

Und dann können sie euch auch
auf eigenen Fotos wiedererkennen."

„Wie kann man nur glauben, dass es euch nicht gibt?",

schüttelt nun *Kreuzundquer* seine langen Ohren,

mit Blick auf die fast durchsichtige zarte Elfe
und die beiden Gnome.

„Oft genug nehme ich eine pastellfarbene Elfe
auf meinem Rücken mit,
und gestern noch saß so ein wunderbares Geschöpf
an meinem Ohr und erzählte mir die ganze Zeit
von Blüten und Düften und von dem, was das Leben
ausmacht und bedeutet,
während ich über die Wiesen hoppelte.

Das ginge doch gar nicht, wenn es euch nicht gäbe.
Ich bilde mir das doch nicht ein, ich hab es doch erlebt.
Ich bin nämlich ein richtiges Elfen-Taxi!"

„Ja, ja, ja, ja",

redet nun  **Hüpfgeschwind**

beruhigend auf **Kreuzundquer** ein,

„wir wissen das…
wir wissen das…
wir wissen…

…dass es diese wunderbaren Geschöpfe gibt!"

„Eure Arbeit in der Natur und euer Bemühen
sollte wirklich gewürdigt werden",

schließt Kreuzundquer jetzt dankbar nickend
seine Ansprache an die Naturwesen ab.

„Es wird Zeit, dass wir die Nachricht
von der Versammlung dem Wind übergeben,
damit heute Abend auch alle pünktlich sind",

rufen **Buchulu**,  **Meiche**

und **Eschela**

und schütteln dabei so heftig ihre Kronen,
sodass du, wenn du lauschst,
im Rauschen des Windes sogar
den Text verstehen kannst:

„Hört ihr alle, hört geschwind,

sagt's der Sonne und dem Wind,

kommt zusammen hier um acht,

dann wird kräftig nachgedacht."

Jetzt kommen schon die ersten Spaziergänger.

Kreuzundquer und **Hüpfgeschwind**
machen sich weiter auf ihren Weg.

Die Elfe aber, zu der sich inzwischen
weitere hinzugesellt haben,
setzen ihren Tanz um den Löwenzahn fort,

in der Hoffnung,
von den Menschen wieder gesehen
und gehört zu werden.

Buchulu

freut sich über all ihre Freunde:

Meiche, die Eiche, die ihr gegenübersteht,

Eschela, die Esche, die gerade erst aufgewacht ist,

Birkiki, die Birke, deren Traum in Erfüllung ging,

Kreuzundquer, der Langohrhase, der jeden Morgen auf ein Schwätzchen vorbei schaut,

Hüpfgeschwind, das Eichhörnchen, das durch die Luft von einem Baumfreund zum anderen hüpft,

den **Baumgeist**, der in der uralten Eiche lebt,

die **Gnome**, die immer zu einem Schabernack aufgelegt sind, die **Elfen**, die ihre Tänze aufführen

und alle anderen **Naturwesen**.

Und während das Rauschen ihrer Blätter
die Botschaft in die Welt trägt,
träumen sie gemeinsam davon,
wie die Menschen wieder im Einklang
mit der Natur und ihren Wesen leben,
und ihnen Achtung, Wertschätzung
und Liebe entgegen bringen.

Dafür stellt die Natur den Menschen
ihre unendliche Fülle zur Verfügung,
die sie liebevoll und uneingeschränkt nutzen darf.

Die Naturwesen helfen,
alles im Gleichgewicht,
in Harmonie
zu halten und den

Ur-Gesundheitszustand

wieder herzustellen.

Wenn die Menschen das wieder verstehen,
dann hat alle Not ein

Ende.

Anhang

Buche: wird 300 Jahre alt, 45 Meter hoch

Wuchsform　　Rinde　　Hain- o. Weißbuche　　Blutbuche　　Rotbuche　　Fruchthülle

Eiche: wird 1500 Jahre alt, 40 Meter hoch

Wuchsform　　Rinde　　Blatt　　Fruchtansätze und Frucht

Esche: wird 300 Jahre alt, 40 Meter hoch

Wuchsform　　Stamm　　Rinde　　Blätter u. Samen

Birke: wird 150 Jahre alt, 25 Meter hoch

Wuchsform   Rinde   Blätter   Samen
                                             „Kätzchen"

Wuchsmerkmale auf Störfelder z. B. Wasseradern

Prägungen von Baumgeistern und Naturwesen

Elfen

Blumenelfen mit Aura

Lichtelfen an einer Esche

Zu meiner Person

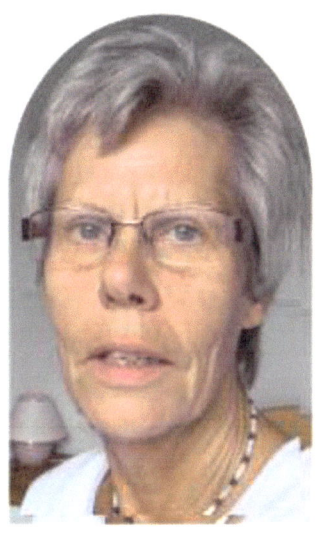

Schon in der Schule hatte ich den Wunsch, zu schreiben.
Es dauerte allerdings eine Weile, bis ich mit etwa 30 Jahren die ersten Schriftstücke in Vers und Reim sowie in Prosa zu Papier brachte.
Dies war für mich eine willkommene Abwechslung zu meinem Haushalt mit fünf Kindern. Die Feste im Familien- und Bekanntenkreis sowie die Brauchtumspflege boten mir vielfältige Gelegenheiten.

Mit dem Erwachsenwerden meiner Kinder versiegte diese Quelle - zum Glück aber nur vorübergehend. Nachdem meine ersten Enkel geboren wurden, erwachte die Lust am Schreiben aufs Neue und zusätzlich die Freude am Fotografieren und Malen.
Meine Ausflüge in die Natur, das Interesse an Wildkräutern und besonders an der Wahrheit und Wahrhaftigkeit des Lebens, inspirieren mich zu immer neuen Ideen.
"Der Weg des Herzens", den ich dank *Jutta Fielenbach* gehen durfte, öffnete mein Herz, ich konnte der Wahrheit wieder vertrauen und mein Zugang zu Gott wurde klarer und intensiv.
In Einzel- oder Gruppenarbeit teile ich meine Erfahrungen mit anderen Menschen.
Wer mir schreiben möchte:
E-Mail: rieck.chr@web.de
Meine Homepage: www.christa-rieck.jimdo.com

Weitere Bücher von Christa Rieck:

**Das Gänseblümchen erinnert sich
und weitere Wildkräuter-
Geschichten
für Kleine und Große**

4-99 Jahre
Erschienen im Compbook Verlag
ISBN 978-934473-70-6
12,90€   44 Seiten

In den drei Wildkräutergeschichten: „Das Gänseblümchen erinnert sich", „Die Tränen der Taubnessel" und "Wegerich zieht in die Welt", erzählen Blumen und Pflanzen in anrührender und einfühlsamer Weise aus ihrem Leben. Kleine und große Leser werden spielerisch sensibilisiert, ihr Leben im Einklang mit der Natur zu gestalten. Ergänzende Informationen und Bastelideen am Ende jeder Erzählung regen zur praktischen Verwendung an.

Illustriert mit wunderschönen Naturfotos.

Dieses Buch motiviert zum Nachdenken!

Gottes Kind - Sei wer du bist
Aufrecht leben

DIES IST EIN HERZLICHES BUCH...

mit dem Herzen gefühlt, erlebt
und geschrieben
für alle,
die der Sehnsucht ihres Herzens
folgen, um wahrhaftig leben zu könne

Schon als Kind habe ich mir viele Gedanken gemacht,
was Jesus wohl wirklich gemeint hat, als er die Menschen lehrte.

Ich habe Antworten gesucht und auch ganz viele bekommen.
Manchmal hatte ich danach noch mehr Fragen -
viele Male konnte ich die Wahrheit in meinem Herzen fühlen.

Das - was ich als Wahrheit in meinem Herzen fühlen konnte,
habe ich in Worte gefasst und aufgeschrieben.
So ist dieses Buch entstanden.
Ich möchte dich daran teilhaben lassen

Ich wünsche dir, dass du:

- Deine eigene Wahrheit findest,
- Freude und Fülle dein Leben bereichern
- die Liebe in jedem Augenblick für dich erfahrbar ist!

Mit wunderschönen Engel- und Energiebildern illustriert

14,90 €   104 Seiten   9-99Jahre   BoD   ISBN 9783735780720

Die Bäume meines Lebens

Die Seelenkraft der Bäume
Baumwissen
Wuchsformen auf Wasseradern
Elementarwesen

Bäume begleiten mich von Kindheit an.

Im Laufe meines Lebens zogen verschiedene Bäume immer wieder meine Aufmerksamkeit auf sich und so lernte ich, ihre Kraft zu nutzen und ihre Unterstützung zu wertschätzen.

Dies geschah erst unbewusst, bis mir dann eine bedeutende, unausweichliche Erfahrung mit meinem „Weihnachtsbaum" die Augen öffnete für die Wahrheit der Kraft der Bäume.

Sie helfen mir, meinen Körper gesund zu erhalten, geben mir Antworten auf Lebensfragen und unterstützen mich mit Kraft und Mut.

Meine Erlebnisse und was mir von ihnen selbst übermittelt wurde, habe ich aufgezeichnet.

Die vielen Farbfotos der einzelnen Bäume, auch im Detail, sowie Wuchsformen auf Wasseradern und Elementarwesen bereichern dieses Buch in schönster Weise. Zusätzliche Anleitung zur Kontaktaufnahme und eine Zusammenstellung der Merkmale: Wuchsform, Rinde, Blätter und Samen/Früchte in Farbe, runden dieses wertvolle Buch ab.

Erscheint November 2014   14,90 €   100 Seiten   BoD   ISBN 9783735779045

Die Seelenkraft der Pflanzen
Wildkräuter – Wissen

Jede Pflanze besitzt besondere Kräfte, die über die feinstoffliche Ebene, also auf der seelischen Ebene wirken.
„Erst krankt die Seele und dann erst reagiert der Körper!"

Die von dem englischen Arzt Dr. Edward Bach entwickelte *Bachblütentherapie*, die heute mehr und mehr bei Mensch und Tier erfolgreich angewendet wird, basiert auf dieser energetischen Kraft der Pflanzen.

Bei ihren Spaziergängen durch die Natur wurden der Autorin, von den Pflanzen selbst, interessante und wichtige Informationen übermittelt.

Der natürlichen Kraft der Pflanzen, ihrer Seelenkraft und der damit verbundenen Wirkungsweise auf geistiger und feinstofflicher Ebene wird in diesem Buch Raum gegeben. Die unverzichtbare Bedeutung in der Heilkunde findet hier ebenso ihren Platz.

Die Merkmale der Pflanzen, die unerlässlich zur Pflanzenbestimmung, sind, werden anschaulich erklärt und sind auf wunderschönen Farbfotos abgebildet, mit denen dieses Buch liebevoll gestaltet wurde.

Erscheint Ende 2014